LE GENRE

DES

SUBSTANTIFS FRANÇAIS

APPRIS EN QUELQUES JOURS

SANS MAITRE ET SANS DICTIONNAIRE.

Par **H. C.**

PRIX : 50 CENTIMES.

PARIS

GUESNON, Libraire,

BOULEVART DES CAPUCINES, 31;

ET CHEZ LES PRINCIPAUX LIBRAIRES.

—

1853

L'auteur se réserve de faire traduire cet opuscule
en langues étrangères.

C.

TYP. APPERT ET VAVASSEUR, PASS. DU CAIRE, 54.

LE GENRE
DES SUBSTANTIFS FRANÇAIS.

La langue française a deux genres : le *masculin* et le *féminin*. Le genre des noms ou substantifs *masculins* est indiqué par l'article *le*. Exemple : Le triomphe, le dogme ; celui des substantifs *féminins*, par l'article *la*. Exemple : La palme, la pourpre.

Lorsqu'un nom ou substantif commence par une voyelle ou un *h* non aspiré, on remplace par une apostrophe (') la lettre *e* de l'article *le*, et la lettre *a* de l'article *la*. Ainsi on écrit l'apophtegme, l'isthme, au lieu de le apophtegme, le isthme ; l'énigme, l'éclipse, pour la énigme, la éclipse.

Cette élision ne laissant plus de différence sensible entre les deux genres, nous emploierons le plus souvent l'adjectif indéfini un pour mieux désigner un substantif masculin, et l'adjectif indéfini une pour indiquer un substantif féminin, comme : un isthme, une énigme, etc.

SONT MASCULINS :

1. Tous les noms *propres* d'hommes et de dieux, ainsi que tous les substantifs *communs* qui désignent spécialement l'homme, quelle qu'en soit la terminaison. Exemple : *Mercure, Homère, Corneille,* **le** *pape,* **un** *enseigne* (officier de marine). Il faut cependant excepter **une** *sentinelle.*

2. Tous les noms des poids, des mesures, des monnaies du système décimal. Ex. : **Un** *gramme,* **un** *stère,* **un** *are,* **un** *centime,* etc.

3. Tous les noms des métaux, des corps simples et composés de la nouvelle nomenclature chimique. Ex. : **Le** *platine,* **le** *carbone,* **un** *chlorure,* **un** *oxide,* **un** *sulfate,* etc.

4. Tous les noms des jours de la semaine, des mois et des saisons de l'année. Ex. : **Un** *dimanche,* **un** *automne,* etc.

5. Les noms de toutes les lettres de l'alphabet. Ex. : **Un** L, **un** S, etc.

SONT FÉMININS :

I. Tous les noms *propres* de femmes et de déesses, ainsi que tous les substantifs *communs* qui désignent spécialement la femme, quelle qu'en soit la terminaison. Exemple : **Junon, Sapho, une sœur, une nourrice**, etc.

II. Tous les substantifs terminés :

Par **ale, alle**. Ex. : **Une** pédale, **une** salle, etc. Excepté : *Un scandale, un intervalle, un pétale, un dédale, le râle, le hâle, un châle.*

III. Par **ame, amme, arme**. Ex. : **Une** rame, **une** anagramme, **une** alarme, etc. Excepté : *Un amalgame, un blâme, un hippopotame, un épithalame, un programme, un monogramme, un charme, un vacarme, un drame, un mélodrame.*

IV. Par **ange, auge, arge, eige, erge, orge, ourge**. Ex. : **La** louange, **une** bauge, **une** charge, **la** neige, **une** verge, **l'**orge, **une** courge, etc. Excepté : *Un ange, un lange, un mélange, un change, un échange, un cierge, le Gange.*

SONT MASCULINS :

5 *bis*. Les substantifs formés d'un verbe, d'un adjectif, d'un adverbe, d'un participe, d'une préposition, d'une conjonction et d'une interjection. Ex. : **Le** *manger*, **le** *bon*, **le** *trop*, **le** *pour*, **le** *pourquoi*, **un** *hélas*, etc.

6. Tous les substantifs terminés par une des lettres **A**, **B**, **C**, **D**, **G**, **L**, **O**, **P**, **Q**. Ex. : **Un** opéra, **le** plomb, **un** estomac, **un** pied, **le** sang, **un** hôtel, **un** écho, **un** coup, **un** coq, etc. Excepté : *Une villa, une sépia.*

7. Par la lettre **É** surmontée d'un accent aigu. Ex. : **Un** procédé, **un** préjugé, etc. Excepté ceux qui finissent en *ié* et en *té*. comme *la pitié, la bonté* (voir le n° XIX des substantifs féminins).

8. Par la lettre **F**. Ex. : **Un** nerf, **un** canif, etc. Excepté *une clef, une nef, la soif.*

9. Par la lettre **I**. Ex. : **un** délai, **un** défi, etc. Excepté : *La loi, la foi, une fourmi, la merci, une paroi.*

SONT FÉMININS LES SUBSTANTIFS TERMINÉS :

V. Par **aque, arque, èque, ique, oque, uque**. Ex. : **La** sandaraque, **une** remarque, **une** hypothèque, **une** pratique, **une** époque, **une** perruque, etc. Excepté : *Le zodiaque, un cloaque, un astérique, un cantique, un distique, le viatique, un portique, un émétique, un spécifique, un cosmétique, un lexique, le Mexique, un phoque, un colloque, un panégyrique, le tropique.*

VI. Par **alte, ante, arte, ente, ate, atte, alte, ète, ette**. Ex. : **Une** halte, **une** plante, **une** descente, **une** date, **une** patte, **une** carte, **une** retraite, **une** épithète, **une** recette, etc. Excepté : *Un poëte, un interprète, un squelette, un automate, un faîte (sommet), un stigmate.*

VII. Par **are, arre**. Ex. : **Une** guitare, une barre, etc. Excepté : *Un phare, un tintamarre, le Ténare, le Tartare.*

SONT MASCULINS LES SUBSTANTIFS TERMINÉS :

10. Par une des lettres **M, N**. Ex. : **un** parfum, **un** ruban, **un** flacon, etc. Excepté : *La faim, une fin, une main,* et ceux qui finissent en *çon, ion* et *son,* comme *une leçon, une affection, une moisson.* (Voir le n° 26 des substantifs masculins, et les n°ˢ XXIII et XXXI des substantifs féminins.)

11. Par la lettre **R**. Ex. : **un** char, **un** danger, **un** plaisir, **un** mur, etc. Excepté : *La mer, la chair, une tour* (édifice), *une cour, une cuiller,* et ceux qui finissent eu **eur** comme *la douleur.* (Voir le n° 29 des substantifs masculins, et le n° XV des substantifs féminins.)

12. Par la lettre **S** au singulier sans être précédée d'un **e** muet. Ex. : **Le** bras, **le** progrès, **un** tapis, **les** pleurs, etc. Excepté : *Une brebis, une souris, une vis, les mœurs.*

SONT FÉMININS LES SUBSTANTIFS TERMINÉS :

VIII. Par **ce** et **se** qui se prononcent comme **ce**. Ex. : **Une** menace, **une** terrasse, **la** réglisse, **une** entorse, **une** bourse, **une** astuce, etc. Excepté : *Un espace, le Parnasse, le silence, le Permesse, un carrosse, un colosse, le commerce, un divorce, un torse, un quinconce*, et ceux qui finissent par **ice** et **oce** (voir le n° 33 des substantifs masculins).

IX. Par **che**. Ex. : **Une** cravache, **une** manche (de vêtement), **une** dépêche, **une** mouche, etc. Excepté : *Un relâche, un reproche, un acrostiche, un hémistiche, un pastiche, un porche, un prêche, un manche* (poignée), *un panache*.

X. Par **de**. Ex. : **Une** cascade, **une** demande, **une** aide, **une** période (phase ; temps déterminé). Excepté : *Le monde, un grade, un stade, un dividende, un multiplicande, un épisode, un code, un synode, un exorde, un prélude, un période* (temps indéterminé ; le plus haut degré), et ceux qui finissent par **ède**, **ide** (voir le n° 28 des substantifs masculins).

SONT MASCULINS LES SUBSTANTIFS TERMINÉS :

13. Par la lettre **T**. Ex. : **un** mât, **un** portrait, **un** billet, **le** salut, etc. Excepté : *La nuit, la mort, une dent, une part, une dot, une gent, une forêt, une hart.*

14. Par la lettre **U**. Ex. : **un** bateau, **le** jeu, **le** cou, etc. Excepté : *La vertu, l'eau, la peau, la glu, une tribu.*

15. Par une des lettres **Z**, **X** au singulier : Ex. : **Le** nez, **le** courroux, **un** choix, etc. Excepté : *La voix, la toux, la paix, la perdrix, la chaux, une croix, une faulx, une voix, la poix.*

16. Par **aire**, **erre**, **ire**, **yre**, **ore**. Ex. : **un** anniversaire, **un** verre, **le** délire, **le** porphyre, **l'**ellébore, etc. Excepté : *La grammaire, une affaire, une circulaire une chaire, une paire, une aire, une haire, une jugulaire, la guerre, la terre, une équerre, une serre, la cire, une satire, une lyre, l'aurore, une amphore, une mandragore, une mire, une métaphore.*

SONT FÉMININS LES SUBSTANTIFS TERMINÉS :

XI. Par **dre**, Ex. : **Une** escadre, **la** foudre, **la** cendre, etc. Excepté : *Un cadre, un cèdre, un ordre, le désordre.*

XII. Par **ée**. Ex. : **Une** saignée, **une** vallée, etc. Excepté : *Un musée, un trophée, un scarabée, un apogée, un périgée, un lycée, un caducée, un cétacée, un mausolée, un coryphée, un pygmée, un hyménée, l'empyrée, un élysée.*

XIII. Par **èle, elle**. Ex. : **Une** poêle (à frire), **une** parallèle (ligne), **une** étincelle, etc. Excepté : *Le zèle, un modèle, un libelle, un parallèle (comparaison), un poêle (fourneau); un violoncelle; le vermicelle.*

XIV. Par **ère**. Ex. : **Une** atmosphère, etc. Excepté : *Un caractère, un hémisphère un planisphère, un ulcère, un reverbère, un presbytère, un adultère, un clystère, un repère.*

SONT MASCULINS LES SUBSTANTIFS TERMINÉS :

17. Par **aphe**. Ex. : **un** paraphe, etc. Excepté : *Une épitaphe, une épigraphe, une ortographe.*

18. Par **asme, isme, yme, ème, erme, aume, ome**. Ex. : **un** enthousiasme, **un** sophisme, **un** problème, **le** chaume, **un** synonyme, **un** épiderme, **un** arome, ete. Excepté : *La crème, Rome, la paume, une ferme.*

19. Par **alque, asque, isque, osque.** Ex. : **un** calque, **un** masque. **un** obélisque, **un** kiosque, etc. Excepté : *Une bourrasque, une flasque, une frasque.*

20. Par **aste, este, iste, oste, uste, acte, ecte, ompte, yrte**. Ex. : **un** acte, **le** faste, **un** manifeste, **un** copiste, **un** poste (position), **un** buste, **un** insecte, **un** escompte, **un** myrte, etc. Excepté : *Une caste, une secte, une piste, une liste, la batiste* (étoffe), *la poste* (aux lettres), *une peste, une veste, une cataracte, une épacte.*

SONT FÉMININS LES SUBSTANTIFS TERMINÉS :

XV. Par **eur**, quand ils désignent des choses matérielles ou métaphysiques. Ex. : **La** vapeur, **la** douleur, etc. Excepté : *Le cœur, un chœur, le bonheur, le malheur, l'honneur, le déshonneur, le labeur, l'équateur.*

XVI. Par **fe**. Ex. : **Une** carafe, **une** étoffe, etc. Excepté : *Un golfe, un hippogriffe.*

XVII. Par **gue**. Ex. : **Une** bague, **une** harangue, **la** fatigue, etc. Excepté : *Un exergue, un collègue,* et ceux qui finissent par **ogue** (voir le n° 35 des substantifs masculins).

XVIII. Par **ie**. Ex. : **La** monnaie, **une** effigie, **la** joie, etc. Excepté : *Le génie, un parapluie, un incendie, le foie, un aphélie, un périhélie, un scolie.*

XIX. Par **ié** et **té**. Ex. : **Une** moitié, **la** bonté, etc. Excepté : *Un pâté, un côté, un traité, un comité, un comté.*

SONT MASCULINS LES SUBSTANTIFS TERMINÉS :

21. Par **age**, **ége**, **ige**, **oge**, **uge**, **inge**, **onge**, **ouge**. Ex. : **un** ouvrage, **un** cortége, **un** vestige, **un** éloge, **un** subterfuge, **un** linge, **un** songe, **un** bouge, etc. Excepté : *Une page, une image, une cage, une plage, la rage, une tige, une volige, une loge, une horloge, une toge, une éponge, une longe, une gouge,*

22. Par **be**. Ex. : **un** crabe, **un** proverbe, **un** nimbe, **un** globe, **un** tube, etc. Excepté : *Une syllabe, une jambe, la barbe, la rhubarbe, une aube, l'herbe, une gerbe, une bribe,* et ceux qui finissent par **ourbe** et **ombe**. (Voir le n° XXVII des substantifs féminins.)

23. Par **ble**, Ex. : **un** câble, **un** amble, **un** meuble, **un** trouble, etc. Excepté : *Une table, une fable, une étable, la Bible, une chasuble, une cible.*

SONT FÉMININS LES SUBSTANTIFS TERMINÉS :

XX. Par **ière, ierre, oire, oure, ourre, ure.** Ex. : **Une** bannière, **une** pierre, **une** armoire, **la** bravoure, **une** bourre, **une** aventure, etc. Excepté : *Le derrière, un cimetière, le lierre, un accessoire, un grimoire, un ciboire, l'ivoire, un murmure, un parjure, un augure, un sinécure*, et ceux qui finissent par **toire** (voir le n° 37 des substantifs masculins).

XXI. Par **ille,** dont **l** se mouille. Ex. : **Une** médaille, **une** estampille, **une** dépouille, etc. Excepté : *Un quadrille, un portefeuille.*

XXII. Par **ime, omme, orme, ourme, ume.** Ex. : **Une** somme (total), **une** maxime, **une** réforme, **une** gourme, **une** coutume, etc. Excepté : *Un somme* (sommeil), *un abîme, un crime, un rhume, un volume, un légume, un orme, un costume, le bitume, un régime.*

:SONT MASCULINS LES SUBSTANTIFS TERMINÉS :

24. Par **bre**. Ex. : **un** candélabre, **un** équilibre, l'ambre, **un** opprobre, etc. Excepté : *Les ténèbres, une vertèbre, une fibre.*

25. Par **cle**. Ex. : **un** spectacle, **un** socle, etc. Excepté : *Une débâcle, une boucle, les bésicles.*

26. Par **çon** et **son**, qui se prononcent comme **çon**. Ex. : **un** hameçon, **un** poisson, etc. Excepté : *Une leçon, une façon, une contrefaçon, une chanson, une boisson, une moisson, une cuisson, une rançon.*

27. Par **cre**. Ex. : **un** simulacre, **un** sépulcre, etc. Excepté : *Une ancre, l'encre, la nacre, l'ocre.*

28. Par **ède**, **ide**. Ex. : **un** intermède, **un** subside, etc. Excepté : *Une ride, une bride, une égide, une pyramide, une chrysalide, une cantharide, une cariatide.*

SONT FÉMININS LES SUBSTANTIFS TERMINÉS :

XXIII. Par **ion**. Ex. : **Une** action, etc. Excepté : *Un bastion, un brimborion, un camion, un champion, le croupion, un espion, un horion, un lion, un million, le Pélion, un pion, un scorpion, un lampion.*

XXIV. Par **ite, inte, ote, otte, aute, onte, oute, ourte, orte, ulte, ute**. Ex. : **Une** élite, **une** quinte, **une** enceinte, **une** note, **une** grotte, **une** faute, **une** honte, **une** route, **une** tourte, **une** porte, **une** insulte, **une** chute, etc. Excepté : *Le mérite, le cocyte, un gîte, un rite, un site, un plébiscite, un parasite, un labyrinthe, un aéronaute, un cloporte, un doute, un conte, un culte, un tumulte, un antidote, un vote, un parachute, un satellite.*

SONT MASCULINS LES SUBSTANTIFS TERMINÉS :

29. Par **eur**, quand ils désignent des êtres animés. Ex. : **un** auteur, **un** lutteur, etc.

30. Par **fle**. Ex. : **Le** souffle, **le** girofle, **un** moufle (assemblage de poulies), etc. Excepté : *Une néfle, une râfle, une pantoufle, une moufle* (gros gant sans doigts).

31. Par **fre**. Ex. : **un** chiffre, **un** gouffre, etc. Excepté : *Une gaufre, une offre, une balafre.*

32. Par **gle**. Ex. : **un** angle, **un** ongle, etc. Excepté : *Une sangle, une épingle, une tringle, une règle.*

33. Par **ice, oce**. Exc. : **un** édifice, un cilice, **un** sacerdoce, **un** pouce, etc. Excepté : *La police, la milice, une notice, une injustice, une cicatrice, l'avarice, les immondices, une noce, la silice, les prémices, les épices, une varice.*

SONT FÉMININS LES SUBSTANTIFS TERMINÉS :

XXV. Par **ne**. Ex. : **Une** cabane, **une** campagne, **l**'ébène, **une** pène (partie de l'antenne), etc. Excepté : *Un organe, un platane, un âne, le crâne, le filigrane, un bagne, un. chêne, un phénomène, un faîne, un renne, un pêne (partie de la serrure), un trône, un prône, un cône, un polygone, un règne, un peigne, un cygne, un signe, un jeûne.*

XXVI. Par **ole , aule , oile , oule**. Ex. : **Une** obole, **une** gaule, **une** voile (de navire), **une** moule (coquillage), etc. Excepté : *Le pôle, le capitole, un rôle, un symbole, un protocole, un contrôle, un monopole, un alvéole, un môle, un saule, un moule (pour fondre), un voile (pour cacher).*

XXVII. Par **ombe, ourbe**. Ex. : **Une** tombe, **une** tourbe, etc.

SONT MASCULINS LES SUBSTANTIFS TERMINÉS :

34. Par **ile**, **yle**, **ill**e, dont **l** ne se mouille pas. Ex. : **un** reptile, **le** style, etc. Excepté : *La ville, la bile, l'huile, une tuile, l'argile, une idylle, une sébile, une pile, une file.*

35. Par **ogue**. Ex. : **un** apologue, etc. Excepté : *La vogue, une synagogue, une églogue, une drogue, une pirogue.*

36. Par **ple**. Ex. : **un** exemple, **un** disciple, etc.

37. Par **toire**. Ex. : **un** auditoire, etc. Excepté : *La victoire, une histoire, une écritoire, une décrottoire.*

38. Par **tre**. Ex. : **L**'albâtre, le salpêtre, **un** pupitre, etc. Excepté : *Une fenêtre, une lettre, une guêtre, une dartre, une piastre, une vitre, une épître, une huître, une mître, une poutre, une outre, une martre, une montre, une rencontre, une loutre.*

SONT FÉMININS LES SUBSTANTIFS TERMINÉS :

XXVIII. Par **ophe.** Ex. : **Une** apostrophe, etc., etc.

XXIX. Par **pe.** Ex. : **Une** soupape, **une** harpe, **une** coupe, **une** crêpe (pâte frite), etc. Excepté : *Un principe, un participe, un type, un polype, un télescope, un microscope, un horoscope, un héliotrope, un trope, un groupe, un crêpe* (étoffe).

XXX. Par **se,** qui se prononcent comme **ze.** Ex. : **La** vase (limon), **une** aise, **une** analyse, **une** apothéose, **une** arquebuse, etc. Excepté : *Un vase* (vaisseau), *un gymnase, Pégase, le Caucase, un malaise, un diocèse, un dièse, un trapèze.*

XXXI. Par **son**, qui se prononcent comme **zon.** Ex. : **La** raison, etc. Excepté : *Un poison, un diapason, un tison, un blason, un oison.*

XXXII. Par **ue.** Ex. **Une** roue, **une** statue, etc., etc.

SONT MASCULINS LES SUBSTANTIFS TERMINÉS :

39. Par **vre**. Ex. : **un** cadavre, **un** lièvre, **un** livre (volume), etc. Excepté : *Une œuvre, une couleuvre, une lèvre, une chèvre, la fièvre, une livre* (poids; monnaie), *une manœuvre.*

40. Par **xe**. Ex. : **un** axe, **le** sexe, **un** paradoxe, etc. Excepté : *Une taxe, une syntaxe, une parallaxe.*

SONT FÉMININS LES SUBSTANTIFS TERMINÉS :

XXXIII. Par **ule**. Ex. **Une** pendule (horloge), etc. Excepté : *Un pendule* (balancier), *un globule, un opuscule, un véhicule, un ridicule, un monticule, un pécule, un conciliabule, un tubercule, un préambule.*

XXXIV. Par **ve**. Ex: **Une** entrave, **une** alcôve, etc. Excepté : *Un conclave, un glaive, un rêve, un convive, un fleuve, le Vésuve.*

DU GENRE DES SUBSTANTIFS COMPOSÉS.

Les substantifs composés d'un verbe et d'un sub-stantif sont **tous masculins**. Ex. : **un** essuie-mains, **un** souffre-douleur, **un** tourne-broche, etc. Excepté : *Une perce-neige, une garde-robe, une tire-lire, une perce-feuille, une passe-velours.*

Les substantifs composés de deux substantifs unis par la préposition **à** sont **tous masculins**. Ex. : Un tête-à-tête.

Les substantifs composés de deux substantifs unis par la préposition **de** ou **en** prennent le genre du substantif placé le premier. Ex. : **un** chef-d'œuvre, **un** croc-en-jambe, etc.

Les substantifs composés d'un adjectif et d'un substantif prennent le genre du substantif. Ex. :

une eau-forte, **un** cordon-bleu. Excepté : *Un rouge-gorge.*

Les substantifs composés d'un substantif et d'une préposition prennent le genre du substantif. Ex. : **une** avant-scène, **un** contre-poison, etc.

Les substantifs composés de deux substantifs sont **masculins**. Ex. : **Le** chèvre-feuille, etc. Excepté : *Une reine-Claude, une reine-Marguerite, une borne-fontaine, une dame-Jeanne, une gomme-gutte, une gomme-laque, une gomme-résine.*

Les substantifs composés d'un verbe et d'un adverbe, ou d'une préposition, sont **masculins**. Ex. : **Un** passe-partout, **un** pour-boire, etc.

DES SUBSTANTIFS QUI ONT DEUX GENRES.

Amour, toujours masculin au singulier, est le plus souvent féminin au pluriel, à moins qu'il ne soit employé comme terme de peinture et de sculpture. Ex. : **un** *amour heureux, de* **folles** *amours, peindre de* **petits** *amours.*

Aigle est toujours masculin, excepté quand il désigne un drapeau. Ex. : *L'aigle est* **courageux,** *les aigles* **impériales**.

Couple est féminin quand il désigne le nombre deux. Ex. : **une** *couple de perdreaux ;* il est masculin, quand il désigne deux êtres unis par un sentiment quelconque. Ex. : **un** *couple d'amis,* **un** *couple de voleurs,* etc.

Delice et **orgue** sont masculins au singulier, féminins au pluriel. Ex. : **un** *délice*, **un** *orgue; des délices* **énivrantes**, *de* **belles** *orgues.*

Foudre, *féminin* quand il est synonyme de tonnerre, devient masculin quand il exprime le courroux des dieux et des souverains, un grand orateur, un grand guerrier. Ex. : **La** foudre gronde ; les foudres **vengeurs** de l'Eternel, **un** foudre d'éloquence, **un** foudre de guerre.

Hymne est toujours masculin, excepté quand il désigne des cantiques chantés à l'église. Ex. : Ecrire **un** hymne à la gloire des poètes, chanter **une** hymne à Notre-Dame.

Œuvre est féminin quand il signifie ce qui est produit par quelque agent, une action morale, le banc des marguilliers. Ex. : **Toutes** *les œuvres de Dieu sont* **pleines** *de sa Providence; donner aux pauvres, c'est faire* **une bonne** *œuvre; l'œuvre* de cette église est bien **sculptée**. **Œuvre** est masculin quand il signifie le recueil complet des estampes d'un même graveur, un ouvrage de musique, la pierre philosophale. Ex. : **Tout** *l'œuvre de Callot*, **le premier** *œuvre de Mozart*, **le grand** *œuvre*.

Les poètes font souvent le mot *œuvre* du **masculin**, mais seulement au singulier.

Orge est féminin ; mais on dit *de l'orge* **perlé**, *de l'orge* **mondé**.

TABLE

DIFFÉRENTES TERMINAISONS.

Nota. Les chiffres arabes renvoient aux substantifs masculins, et les chiffres romains aux substantifs féminins.

A.	6	F.	8
B.	6	Fe.	XVI
Be.	22	fle.	30
Be (ombe, ourbe)..	XXVII	fre.	31
C.	6	G.	6
Ce.	VIII	Ge.	IV
Ce (ice, oce).......	33	ge (age, ége, ige, oge, uge, inge, onge, ouge.	21
Che.	IX		
Cle.	25		
Çon.	26	gle.	32
Cre.	27	gue.	XVII
D.	6	gue (ogue).......	35
De.	X	I.	9
De (ède, ide).......	28	ie...	XVIII
Dre.	XI	ié (avec accent aigu).	XIX
É (avec accent aigu)..	7	ion	XXIII
Ée.	XII	L.	6
eur (désignant des êtres animés).....	29	le (-le, alle).......	II
		Le (ile, ille, dont l ne se mouille pas)....	34
eur (désignant des choses)..........	XV	Le (dont l se mouille)	XXI

www.ingramcontent.com/pod-product-compliance
Lightning Source LLC
LaVergne TN
LVHW012108030726
842523LV00002B/803